អណ្តូងដំបូង

BookBox

គូរូបដោយ Emanuele Scanziani

Library For All Ltd.

បណ្ណាល័យសម្រាប់ទាំងអស់គ្នា គឺជាអង្គការមិនរកប្រាក់ចំណេញរបស់អូស្ត្រាលី ជាមួយនឹងបេសកកម្ម ដើម្បីផ្តល់ឱ្យចំណេះដឹងអាចចូលប្រើប្រាស់បានសម្រាប់ទាំងអស់គ្នាតាមរយៈដំណោះស្រាយ បណ្ណាល័យឌីជីថលប្រកបដោយភាពច្នៃប្រឌិត។ ចូលមើលពួកយើងនៅ libraryforall.org

អណ្តូងដំបូង

កំណែនេះត្រូវបានបោះពុម្ពផ្សាយនៅ 2022

បានបោះពុម្ពផ្សាយដោយ Library For All Ltd
អ៊ីមែល៖ info@libraryforall.org
URL: libraryforall.org

ការងារនេះត្រូវបានផ្តល់អាជ្ញាប័ណ្ណក្រោមអាជ្ញាប័ណ្ណអន្តរជាតិ 4.0 ស្តីពីគុណលក្ខណៈ៖ទូទៅនៃ ការវៃច្នៃប្រឌិត-មិនមែនពាណិជ្ជកម្ម-មិនមែនរបស់គ្នាឡើយ។ ដើម្បីមើលច្បាប់ចម្លងនៃអាជ្ញាប័ណ្ណនេះ សូមចូលមើល http://creativecommons.org/licenses/by-nc-nd/4.0/ ។

បណ្ណាល័យសម្រាប់ទាំងអស់គ្នា ទទួលស្គាល់ដោយសេចក្តីដឹងគុណនូវការចូលរួមចំណែករបស់អ្នក ទាំងអស់ដែលបានធ្វើឱ្យមុនរឿងនៃសៀវភៅនេះឱ្យរាអាចទៅរួច។

ការងារនេះគឺជាកំណែដែលបានកែប្រែនៃសាច់រឿងដើម, ©The Asia Foundation ។
បានបញ្ចេញក្រោម CC BY 4.0 ។

រូបភាពដើមដោយ Emanuele Scanziani

អណ្តូងដំបូង
BookBox
ISBN: 978-1-922835-49-9
SKU02748

អណ្ដូងដំបូង

កាលពីព្រេងនាយ មាននគរតូចមួយនៅជុំវិញបឹង។ នៅរដូវប្រាំងមួយមេឃមិនធ្លាក់ភ្លៀងសោះ បណ្ដាលឱ្យបឹងនោះរីងស្ងួតអស់។

ប្រជារាស្ត្រមានការព្រួយបារម្ភយ៉ាងខ្លាំង ហើយបាននាំគ្នាទៅចូលគាល់ព្រះរាជា។ កសិករបានក្រាបទូលទៅព្រះរាជាថា "បពិត្រ ព្រះអង្គ! នគររបស់យើងខានមានភ្លៀងធ្លាក់ជាយូរណាស់មកហើយ។

ដីស្រែចំការរបស់ពួកទូលបង្គំលែងមានជីវជាតិសម្រាប់ដាំដុះ។" អ្នកនេសាទក្រាបទូលទៅព្រះរាជាថា "បពិត្រ ព្រះអង្គ! គ្មានត្រីសម្រាប់ពួកទូលបង្គំនេសាទទៀតទេ។ តើពួកទូលបង្គំគួរធ្វើបែបណាទៅក្រាបទូល?"

ស្ត្រីជាច្រើននាក់ និងកូនៗ របស់ពួកគេបានក្រាបទូលទៅ ព្រះរាជាថា "សូមព្រះករុណា ជីវិតមួលលើត្បូង! ជួយទូលបង្គំដែលកំពុងជួប គ្រោះមហន្តរាយនេះផង។"

ព្រះរាជាបានចាត់ឲ្យមេទ័ព ទាំងបួននៅស្វែករកប្រភពទឹក នៅគ្រប់ទិសទីទាំងអស់។

មេរទមួយបានធ្វើដំណើរទៅកាន់ទិសខាងកើតសំដៅទៅកាន់ទិសព្រះអាទិត្យ។ មេរទពីរបានធ្វើដំណើរទៅទិសខាងត្បូងពោរពេញដោយធូលីនិងកម្ដៅ។

មេរទបីបានធ្វើដំណើរទៅខាងលិចដែលជាទិសព្រះអាទិត្យលិច។ រីឯមេរទបួនបានធ្វើដំណើរទៅទិសខាងជើង។

មេទ័ពទាំងបួនបានស្វែងរកទឹក
ទាំងថ្ងៃទាំងយប់នៅគ្រប់ទិសទី
ប៉ុន្តែពួកគេនៅតែរកមិនឃើញ។
មេទ័ពពីររូបត្រលប់ទៅនគរដោយដៃទទេ។

ធ្វើដំណើរទៅកាន់ទិសខាងជើងបាន
ប៉ុន្មានថ្ងៃចិត្តថានឹងមិនធ្វើឱ្យព្រះរាជា
ខកបំណងទេ និងបន្តដំណើរហុតដល់ភូមិ
មួយនៅជិតភ្នំទឹកកក។

ស្រាប់តែមានស្រ្តីចំណាស់ម្នាក់ដើរឆ្លងកាត់
ហើយក៏អង្គុយនៅក្បែរមេទំព៕
"ខ្ញុំមកពីនគរដ៍ស្រស់ស្អាតមួយ
ដែលពុំមានភ្លៀងធ្លាក់ពេញមួយឆ្នាំមក
ហើយ។ តើអ្នកអាចជួយខ្ញុំរកទឹកបានទេ"

ស្ត្រីចំណាស់នោះបានឱ្យមេទាដើរតាមគាត់ឡើងលើភ្នំ និងចូលក្នុងរូងភ្នំមួយ។

ស្ត្រីចំណាស់បានពោលថា "នគររបស់ពួក យើងក៏មិនមានទឹកដែរ។" បន្ទាប់មក គាត់បានចង្អុលទៅកាន់ដុំទឹកកក ស្រួចៗនៅក្នុងរូងភ្នំ ហើយពោលថា "ពួកយើងហៅវាថាជាដុំទឹកកក"។ លោក អាចយកវាខ្លះទៅកាន់នគររបស់លោក។ នគររបស់លោកនឹងមិនខ្វះទឹកទៀតទេ។

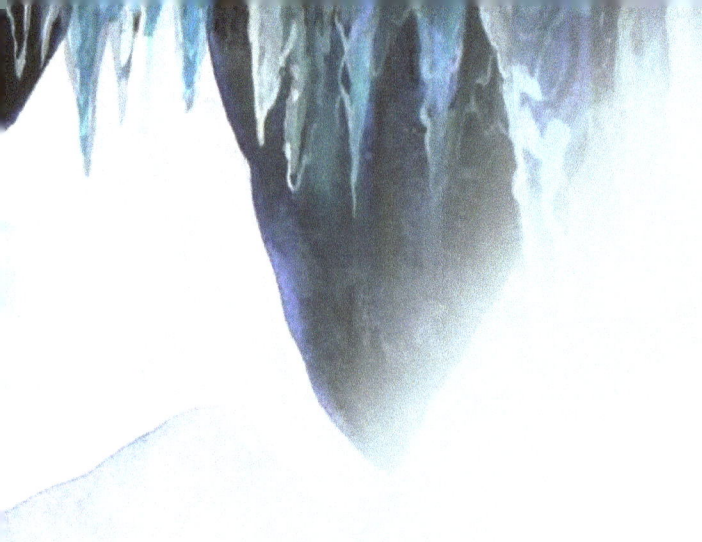

មេទ័ពបានវាយបំបែកដុំទឹកកកជំមួយ និងដាក់វាលើរទេះសេះរបស់គាត់ ហើយប្រញាប់ប្រញាល់ទៅនគរវិញ។

ទំរាំតែមេទ័ពធ្វើដំណើរទៅដល់ព្រះរាជវាំង ដុំទឹកកកនោះបានរលាយក្លាយជាដុំទឹកកកតូចមួយ។

17

ដោយសារពុំដែលមាននរណាម្នាក់នៅក្នុង ព្រះរាជវាំងធ្លាប់ឃើញដុំទឹកកកពីមុន ដូចនេះពួកគេបានសម្លឹងមើលយ៉ាង ងឿងឆ្ងល់! ក្នុមនោះមានមន្ត្រីម្នាក់បាន លាន់មាត់ថា "នេះប្រាកដជាគ្រាប់ពូជ ទឹក!"

18

ព្រះរាជាបានបញ្ជាឱ្យយកគ្រាប់ពូជទឹកនោះទៅសាបព្រោះភ្លាមៗ។ នៅពេលដែលកសិករកំពុងតែជីករណ្តៅដុំទឹកកករលាយបន្តិចម្តងៗក្រោមកម្តៅព្រះអាទិត្យ។

កសិករបានដាក់គ្រាប់ពូជចូលទៅក្នុង រណ្ដៅ ប៉ុន្តែមុនពេលពួកគេ អាចកប់គ្រាប់ពូជនោះបាន វាក៏រលាយបាត់អស់។

កសិករមានការភាន់ភាំង និងបារម្ភជា ខ្លាំង។
ពេញមួយយប់ពួកគេបន្តជីកដីកាន់តែ ជ្រៅទៅៗ ដើម្បីស្វែងរកគ្រាប់ពូជដ៏ អាថ៌កំបាំងនោះ។

ពេលព្រលឹមស្រាងៗឡើង ព្រះរាជាបាននឹកឃើញកសិករដេកលង់លក់នៅដុំវិញរណ្តៅ។

ដោយមានការចំលែកក្នុងព្រះរាជហប្ញទ័យ ព្រះរាជាបាននទមើលក្នុងរណ្តៅដោយមានការភ្ញាក់ផ្អើលយ៉ាងខ្លាំង ហើយក៏មានព្រះបន្ទូលថា "ភ្ញាក់ឡើង មនុស្សដ៏អស្ចារ្យរបស់ខ្ញុំ។" គ្រាប់ពូជទឹកបានចេញពន្លកហើយ!

មានទឹកនៅក្នុងវណ្ដៅនោះទៀតផង!"
នេះគឺជារបៀបបង្កើត អណ្ដូងដំបូង។

អ្នកអាចប្រើសំណួរទាំងនេះដើម្បីនិយាយអំពីសៀវភៅនេះជាមួយគ្រួសារ មិត្តភក្តិ និងគ្រូរបស់អ្នក។

តើអ្នកបានរៀនអ្វីខ្លះពីសៀវភៅនេះ?

ពិពណ៌នាសៀវភៅនេះក្នុងមួយពាក្យ។ កំប្លែង? គួរឱ្យខ្លាច? ចម្រុះពណ៌? គួរឱ្យចាប់អារម្មណ៍?

តើសៀវភៅនេះធ្វើឱ្យអ្នកមានអារម្មណ៍យ៉ាងណាពេលអានចប់?

តើមួយណាជាផ្នែកដែលអ្នកចូលចិត្តជាងគេនៃសៀវភៅនេះ?

ទាញយកកម្មវិធីអ្នកអានរបស់យើង។
getlibraryforall.org

អំពីអ្នករួមចំណែក

បណ្ណាល័យសម្រាប់ទាំងអស់គ្នា ធ្វើការជាមួយអ្នកនិពន្ធ និងអ្នកគំនូរមកពីជុំវិញពិភពលោក ដើម្បីបង្កើតរឿងប្លែកៗ ពាក់ព័ន្ធ និងគុណភាពខ្ពស់សម្រាប់អ្នកអានវ័យក្មេង។

សូមចូលមើលគេហទំព័រ libraryforall.org សម្រាប់ព័ត៌មាន ចុងក្រោយបំផុតអំពីព្រឹត្តិការណ៍សិក្ខាសាលារបស់អ្នកនិពន្ធ គោលការណ៍ណែនាំការដាក់ស្នើ និងឱកាសថ្មីប្រឹក្សាផ្សេងទៀត។

តើអ្នកចូលចិត្តសៀវភៅនេះទេ?

យើងមានរឿងដើមដែលរៀបចំដោយអ្នកជំនាញរាប់រយរឿងទៀតដើម្បីជ្រើសរើស។

យើងធ្វើការក្នុងភាពជាដៃគូជាមួយអ្នកនិពន្ធ អ្នកអប់រំ ទីប្រឹក្សាវប្បធម៌ រដ្ឋាភិបាល និង NGOs ដើម្បីនាំមកនូវសេចក្តីរីករាយនៃការអានដល់កុមារគ្រប់ទីកន្លែង។

តើអ្នកដឹងទេ?

យើងបង្កើតផលប៉ះពាល់ជាសាកលក្នុងវិស័យទាំងនេះដោយប្រកាន់យកគោលដៅអភិវឌ្ឍន៍ប្រកបដោយចីរភាពរបស់អង្គការសហប្រជាជាតិ។

librayforall.org

www.ingramcontent.com/pod-product-compliance
Lightning Source LLC
Chambersburg PA
CBHW040316050426
42452CB00018B/2861